*Para mis tres queridos pinzones,
Jeanne, Charles y Paul-Aguilas.*
E.K-L

*Para los pichones de paloma
que nacen en mi balcón.*
L.M

Vegueta Ediciones
Colección dirigida por Eva Moll de Alba

Título original: *Oiseaux à reconnaître*

© Gallimard Jeunesse, 2022
© del texto: Emmanuelle Kecir-Lepetit
© de la cubierta y las ilustraciones: Léa Maupetit
© traducción del francés: Julia C. Gómez Sáez
© de esta edición: Vegueta Ediciones S.L., 2024

Roger de Llúria,82, principal 1ª
08009 Barcelona
www.veguetaediciones.com
 @vegueta_infantil

Primera edición: octubre 2024
ISBN: 978-84-19794-36-9
Depósito legal: B 15919-2024

Impreso y encuadernado en España

Cualquier forma de reproducción, distribución, comunicación pública o transformación de esta obra solo puede ser realizada con la autorización de sus titulares, salvo excepción prevista por la ley. Diríjase a CEDRO (Centro Español de Derechos Reprográficos) si necesita fotocopiar o escanear algún fragmento de esta obra (www.conlicencia.com; 91 702 19 70 / 93 272 04 45).

Emmanuelle
Kecir-Lepetit

Léa
Maupetit

y su magia

Traducción de
Julia C. Gómez Sáez

Vegueta Ediciones

En los jardines

Petirrojo europeo 14
Herrerillo común 16
Gorrión común 18
Mirlo común 20
Urraca común 22
Tórtola turca 24

Curruca capirotada 26
Corneja negra 28
Pito real 30
Paloma bravía 32

En lo profundo del bosque

Jilguero europeo 36
Ruiseñor común 38
Pinzón vulgar 40
Reyezuelo listado 42

Arrendajo euroasiático 44
Cárabo común 46
Trepador azul 48
Cuco común 50
Jilguero lúgano 52

Estornino pinto 56
Alondra común 58
Abubilla común 60
Golondrina común 62
Cernícalo vulgar 64
Camachuelo común 66

En campo abierto

Búho chico 68
Gavilán común 70
Zorzal común 72

Garza real 76
Lavandera cascadeña 78

Martín pescador común 80
Gaviota reidora 82
Ánade azulón 84
Cigüeñuela común 86

A la orilla del agua

Ostrero euroasiático 88
Correlimos tridáctilo 90
Cisne vulgar 92

Aves

Plumas, un pico y dos alas: esas son las características comunes a todas las aves. Aunque la mayoría saben volar, sobre tierra firme son bípedas, como nosotros, y caminan erguidas sobre sus dos patas traseras.

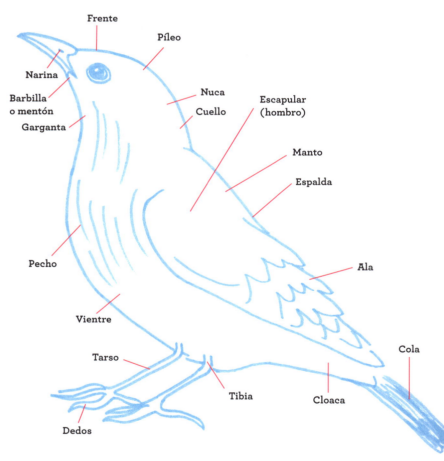

Unos animales asombrosos

Sus huesos son huecos, su corazón late a toda velocidad y su temperatura corporal media es de 41 °C. Su vista es más rápida y precisa que la nuestra y también oyen más sonidos. Cuentan con pequeños sacos aéreos repartidos por el cuerpo que funcionan como fuelles para aspirar el aire y alimentar sus músculos con oxigeno sin que necesiten siquiera inspirar. En pocas palabras, las aves son atletas con unos sentidos ultradesarrollados.

No hay ave sin pluma

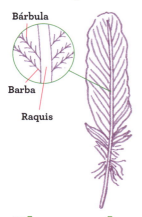

Cada pluma, hecha de queratina y coloreada con pigmentos, está constituida por un eje (el raquis) rodeado de barbas y también de bárbulas, encajadas mediante una multitud de ganchillos. Las aves invierten mucho tiempo en limpiarlas o en repararlas cuando los ganchillos se sueltan. Cada año mudan su plumaje y lo renuevan por completo. Hay dos tipos de plumas diferentes: las de vuelo, que sirven para volar, dispuestas sobre las alas y la cola, y las de cobertura, que recubren su cuerpo y lo protegen.

Alas y cola

La forma de las alas y de la cola de las aves es indicativa de sus costumbres de vuelo.
- **Cuanto más largas pueden estirar las alas,** más capacidad tienen las aves de volar durante mucho tiempo: normalmente, son migratorias, como las golondrinas, o planeadoras vagabundas, como las gaviotas.
- **Al contrario, unas alas cortas pero anchas y una cola larga** no permiten una gran resistencia, sino mucha maniobrabilidad y capacidad de aceleración: es el caso del gavilán.
- **Unas alas estilizadas y una cola corta** proporcionan rapidez: es lo que vemos en los halcones o los cernícalos.

Las plumas con las que están equipadas la cola y las alas de las aves tienen un nombre diferente cada una de ellas. Las remeras son las plumas principales de las alas; las rectrices son las de la cola.

Patas y pico

Tanto las patas como el pico son también muy variados y nos proporcionan una valiosa información. La forma y la longitud del pico de las aves nos ofrecen datos sobre su alimentación y sobre la manera en la que obtienen su comida: hurgando o picoteando, filtrando o arponeando, por la fuerza o engullendo… La forma y la longitud de sus patas (o, más bien, de sus pies, los tarsos) permiten comprender cómo es su modo de vida: si son robustas, quiere decir que pasan mucho tiempo en el suelo; si son finas, es que son acróbatas; son largas en las aves zancudas que chapotean en el agua, y son ganchudas en las aves rapaces, cuyos pies reciben el nombre de garras.

En pareja

Durante una estación o para toda la vida: a diferencia de muchos animales, las aves se emparejan. Macho y hembra tienen que ocuparse juntos de sus pequeñuelos que, en general, son muy frágiles y necesitan a sus dos progenitores. En estas parejas, las tareas están bien repartidas: el macho es el encargado de encontrar un territorio de reproducción (más o menos extenso) y de defenderlo. Esa es la razón por la que suele ser mucho más colorido y parlanchín que la hembra: su canto y su plumaje le sirven para alejar a la competencia y a los intrusos.

La hembra, a pesar de ser menos llamativa y más menuda, aunque no siempre, es la verdadera dominante en la pareja: el macho primero tiene que esforzarse por seducirla, luego por protegerla y alimentarla y, a veces, debe servirla... Ella tiene mucha más tendencia a ser infiel que él. Esta relación de pareja no se aplica a los patos, los cisnes, las ocas y las gallinas y los gallos, casos en los que el macho demuestra un comportamiento claramente dominante.

Nido de mirlo en forma de cuenco

Nidos y huevos

Las aves son ovíparas: ponen huevos. En general, antes de hacerlo, construyen un nido, cuya forma y materiales son muy variados, al igual que el lugar donde lo instalan: en altura o en cavidades, bajo los matorrales o en el suelo. Las aves hacen uso del nido para criar a sus pequeños, no para descansar.

Podemos distinguir entre dos tipos de polluelos: los altriciales, que nacen pelados y ciegos y tienen que quedarse un tiempo en el nido (son nidícolas), y los precoces, que nacen cubiertos de plumón y abandonan el nido rápidamente (son nidífugos), como es el caso de los pollitos de gallina, de pato o de cisne.

Esta diferencia es importante, porque hará que la relación entre ambos sexos sea distinta.

Nido de pito real, en la cavidad que él mismo ha abierto en un árbol

¿Hablan entre sí?

Esta es otra característica de las aves, además de las plumas y de que pueden volar: ¡son muy comunicativas! Eso sí, no tienen cuerdas vocales, sino una siringe, que es un órgano capaz de modular los sonidos. Las aves se expresan dando gritos muy variados (de llamada, de advertencia, de encuentro...) y algunas cantan: en general, suelen ser los machos. El estudio del canto de las aves es muy reciente, pero los científicos han descubierto que algunas especies utilizan dialectos diferentes dependiendo de la región: o sea, ¡que han desarrollado un lenguaje!

¡Cuánta variedad!

Está claro que, en el reino aviar, la variedad es la norma. Existen más de 10 000 especies en el mundo, de las que casi 600 habitan al menos una parte del año en nuestros lares. Su modo de vida, su hábitat, sus desplazamientos y la forma de sus patas, sus alas o su pico... ¡todo cambia de una especie a otra!

Los científicos se han esforzado en clasificarlas en familias, ¡que, a su vez, no paran de cambiar! Lo importante es distinguir entre estos dos tipos:

Las paseriformes
Ejemplo: el petirrojo

Esta orden (o superfamilia) de aves agrupa a más de la mitad de las especies presentes en el planeta. Entre ellas, se encuentran todos los pájaros pequeños de los jardines, los bosques y los campos, pero también los córvidos como la corneja, la urraca, el arrendajo...

Las no paseriformes
Ejemplo: la paloma

Todas las demás pertenecen a familias a veces más limitadas: los pitos, las palomas, los cucos, los halcones, las abubillas, los martines pescadores y los patos van a lo suyo, y existen muchas familias diferentes de rapaces, de zancudas o de aves limícolas (de rivera). En resumidas cuentas, ¡es difícil aclararse!

En los jardines

¿Qué bebe el herrerillo?
La luz recorre
la nitidez de sus alas.
Anónimo

familia	muscicápidos
tamaño y peso	14 cm – 18 g
canto	gorjea melodiosamente

Erithacus rubecula

Petirrojo europeo

De buena mañana, su canto aflautado cae en una cascada de gotas contra la madera de los postigos de nuestras ventanas. Si las abrimos rápidamente, vemos que allí está, bien a la vista, plantado, curvando orgulloso su pechera anaranjada. Este pajarillo rechoncho es inigualable convirtiendo cualquier jardín en su coto de caza particular. Hurgando en el suelo, en verano persigue a los gusanos y las arañas; en invierno, las bayas o las migas que tengas a bien darle. Eso sí, que a ningún otro petirrojo se le pase por la cabeza acercarse, porque rápidamente levanta el vuelo y vuelve a posarse, sacando pecho todo lo que puede: al intruso más le vale largarse de allí.

Cola erguida, alas bajadas y cabeza alta para exhibir mejor la garganta: el petirrojo saca pecho. Suele adoptar esta postura en invierno, cuando le resulta imprescindible defender su territorio para no morirse de hambre.

Un auténtico pendenciero

Sea macho o hembra, el petirrojo no tolera que ninguno de sus semejantes entre en su territorio. Su pechera coloreada y su canto, que tan dulce suena a nuestros oídos, son señales de advertencia. Si el intruso se rezaga, caerá sobre sus plumas y lo golpeará con fiereza.

¡Su único amigo somos nosotros!

Es un solitario y tampoco le agradan los demás pájaros. Pero si haces jardinería, acudirá de buena gana a acompañarte. Tenle paciencia: como no es miedoso, algún día podría acercarse a picotearte en la mano.

familia	páridos
tamaño y peso	12 cm – 11 g
canto	trina

Cyanistes caeruleus

Herrerillo común

Pasa como un relámpago fugaz bajo las ramas de los árboles, con su azul y su amarillo limón. Se columpia por allí, se marcha y se va revoloteando a otra parte. ¿Se detendrá durante un instante para que lo observemos un poco? Ágil e hiperactivo, el herrerillo común es el acróbata de nuestros jardines. En muy pocas ocasiones baja hasta el suelo. Lo vemos con más frecuencia suspendido cabeza abajo, con una pata en el vacío, concentrado en desafiar las leyes de la gravedad. En invierno, entona su si-si-sürr acidulado mientras forma, junto con sus amigos los agateadores y los reyezuelos, un corrillo de alegres vagabundos. Después, llega la primavera ¡y el herrerillo desaparece! Se marcha al bosque, a construir su esponjoso nido.

¡Menudo ladronzuelo!

El herrerillo, aficionado a las orugas y los pulgones, sobrevive durante el invierno atiborrándose de semillas y yemas de los árboles. Para limitar los daños que pueda causar, cuélgale una bola de manteca de una rama: acudirá a picotearla, ¡cabeza abajo!

El perfecto amo de casa

El herrerillo común adora la limpieza. Tiene la costumbre de darse baños de hormigas para desembarazarse de sus parásitos. Y cuando anida, su nido lo decora con lavanda, menta y hierbas aromáticas con propiedades antisépticas y antipulgas.

Cuidado con no confundirlo con su primo, el carbonero común, también muy presente en los jardines. Este es más grande y se lo reconoce por el píleo negro como el carbón que lleva sobre la cabeza.

familia	paséridos
tamaño y peso	16 cm — 30 g
canto	pía, chirría o garrula

Passer domesticus

Gorrión común

Con su capa monacal cubriéndole la espalda, circula por la ciudad de incógnito, se cuela en el metro y abre con un giro del ala la puerta de los supermercados. Impertinente, lleno de vitalidad, este pajarillo pardo se considera tan omnipresente que apenas llama la atención. Y, sin embargo, oculta multitud de cualidades. Es muy sociable, leal al lugar en el que nace y fiel también a la pareja que escoge, es capaz de hacer grandes proezas al volar y, por las noches, aunque no sepa cantar, nos deleita con sus suaves chirridos. El gorrión, que actualmente está desapareciendo de nuestras ciudades, merecería que nos ocupáramos un poco más de él.

Con el pico inclinado y las alas separadas del cuerpo, este joven macho hace una reverencia delante de su amada: como no sabe cantar, tendrá que proceder a ejecutar una impresionante danza aérea para conseguir seducirla.

El chirrido del gorrión
El gorrión no canta, sino que garrula: su bullicioso chillido le ha valido el apodo en algunos lugares de «chilero». Eso sí, por las noches, escúchalo bajo los árboles del parque: antes de irse a dormir, charla con sus compañeros. Sus *piopíos* entremezclados crean entonces un vibrante coro múltiple: se le llama gárrulo o chirrido.

Sentimental
Allá donde nace, el gorrión se queda. Es el pájaro más sedentario de Europa, donde vive en colonia y también en pareja: ¡el macho se une celosamente a su amada y la sigue por todas partes!

El píleo color gris claro que lleva sobre la cabeza recuerda también a la tonsura de un monje.

Su pico cónico indica que es granívoro. Prefiere con diferencia las semillas a las migas.

De lejos, su plumaje críptico tiene el color pardo del hábito de un monje, pero, de cerca, se distinguen diferentes matices, que van desde el color gamuza al chocolate.

En periodo de reproducción, un babero negro adorna la garganta del macho: ¡casi parece que se ponga corbata para atraer a su señora!

En el suelo, el gorrión se desplaza a saltitos: brinca mientras agita sin parar la cola. ¡Es un manojo de nervios!

familia	túrdidos
tamaño y peso	27 cm — 100 g
canto	cotorrea, grazna y silba

Turdus merula

Mirlo común

Más grande que la mayor parte de los paseriformes, el mirlo vive en los jardines como en terreno conquistado. Lo verás tumbarse sobre la hierba para darse baños de sol, revolverte los arriates lanzando la tierra en todas las direcciones, desordenar las hojas secas, desvalijar el cerezo... ¿Te saca de tus casillas? ¡Pues se posará fuera de tu alcance y se burlará de ti! Eso sí, espera a que llegue la primavera y se lo perdonarás todo: para conquistar a su parda compañera, este pájaro de alma solitaria entonará entonces uno de los cantos más hermosos y puros que se puedan escuchar. ¡Bravo por el artista!

Socarrón y cantarín

Cuando el mirlo cotorrea, sus gritos parecen burlonas risas ahogadas, pero cuando canta, es una maravilla: su canto aflautado es una larga estrofa melódica sobre la que improvisa variaciones. ¡Es todo un jazzista y cada uno inventa así su propio repertorio!

¡Menudo caradura!

Es imposible ignorar su presencia en un jardín. Se desplaza en vuelo rasante sobre los arbustos o brinca con los pies juntos por el terreno y levanta con el pico cualquier cosa que haya por el suelo con la intención de capturar a los insectos ocultos.

Cuando localiza algún gusano, el mirlo lo agarra y se planta sobre el suelo con firmeza para sacarlo a tirones. Por su parte, el gusano hace lo imposible por internarse en su agujero. Este cómico duelo es una escena habitual en los jardines.

familia	córvidos
tamaño y peso	50 cm — 200 g
canto	cotorrea, chirría o grazna

Pica pica

Urraca común

Con su vuelo festoneado, ondulado y lento, se aproxima a la hierba. Después, se posa y avanza con paso bamboleante, como una modelo en un desfile. ¡La caza da comienzo! Intrépida, astuta, siempre al acecho y capaz de acelerar a la velocidad del rayo, la urraca es una depredadora de hábitos nocturnos. Insectos, lagartijas o babosas: nada se escapa a su mirada penetrante. Incluso los demás pájaros, que temen por su nidada, la consideran una amenaza. No por ello esta cazadora deja de pavonearse y lo que es peor: ¡se dedica a cotorrear! Durante todo el día, nos importuna con su voz cascada. ¡A saber por qué es tan parlanchina!

¡Ladrona…

La urraca, prudente, tiene la costumbre de almacenar el alimento en su nido: la solemos ver transportando objetos en el pico. ¿Acaso es una ladrona? ¡Sí! Pero no de joyas, sino del pienso de los animales domésticos.

… y, sobre todo, enamorada!

La urraca nunca está sola: vive en una pequeña bandada con su familia mientras está soltera. Una vez que se empareja, es de por vida. El macho y la hembra, indisolublemente unidos, ya no se abandonan jamás. Lo hacen todo en común. Y en el momento en que la más mínima franja de hierba los separa: ¡se dedican a parlotear!

El nido de la urraca, que forma una bola achaparrada en lo alto de los árboles, es muy reconocible. Su copa hecha de barro está cubierta por un techo de ramitas, como si fuera una verdadera casita en miniatura.

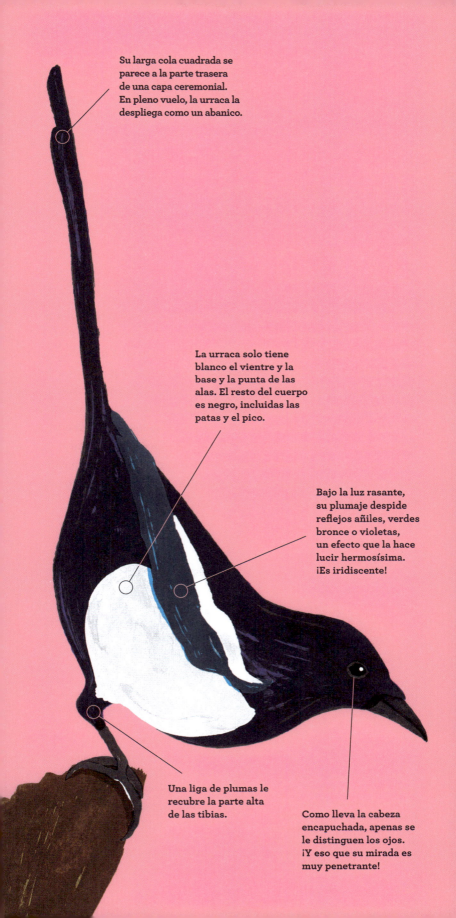

familia	colúmbidas
tamaño y peso	32 cm — 175 g
canto	zurea o arrulla

Streptopelia decaocto

Tórtola turca

En los pueblos, no es raro despertarse por las mañanas con el canto de las tórtolas. Es monótono y nos acuna como un abrazo. Al abrir la ventana, tal vez localicemos a las culpables: dos frágiles palomillas de color arena, tiernamente acurrucadas. ¡Qué adorables son! No te fíes: a pesar de sus arrullos soporíferos, que tienen el arte de dormir a todas las aves de los alrededores, las tórtolas son unas marrulleras. Se instalan rápidamente, se hacen amigas de las gallinas del gallinero... ¡para comerse su pienso! Y, muy pronto, son dueñas y señoras de sus dominios. ¡A base de *currucucús*, consiguen colárnosla!

La actividad favorita de las tórtolas es besuquearse. Se dan piquitos mutuos para despiojarse y demostrarse su afecto. La lástima es que su idilio no suele durar más de una estación.

¿De dónde proviene?
No es de Turquía, ¡sino de la India! Pertrechada con un buen par de alas y migratoria en sus orígenes, en medio siglo nos ha colonizado. La primera llegó en 1952. ¡Y ahora está por todas partes!

Muy fértil
En climas templados, es capaz de reproducirse durante casi todo el año. Solo pone dos huevos de una vez, pero a un ritmo frenético: no espera a que los polluelos hayan abandonado el nido para volver a incubar.

familia	sílvidos
tamaño y peso	14 cm — 17 g
canto	canta o trina

Sylvia atricapilla

Curruca capirotada

Aunque es discreta y normalmente se esconde bajo los arbustos, la curruca está muy presente en los jardines. Detectable por el gorrito que lleva sobre la cabeza, en primavera revolotea capturando insectos y, a partir del verano y durante el resto del año, se deleita comiendo bayas. Solitaria, no se relaciona con sus congéneres. Como mucho, los saluda cuando llega a cruzarse con alguno con un *chec-chec-chec* seco: este grito, parecido al ruido de dos piedras entrechocando, la delata. Sin embargo, al acabar el invierno, rompe su silencio. La curruca —el macho concretamente, que es quien canta— llena entonces los matorrales con su canto aflautado: recibe el apodo de «ruiseñor de marzo».

En caso de que surjan conflictos en el vecindario, eriza el píleo para hacerse más visible y emite su *chec-chec-chec* en ráfaga: ¡tanto el macho como la hembra defienden su territorio enérgicamente!

Un ave parcialmente migratoria
Se suelen quedar todo el año en los jardines, picoteando en otoño los higos, las manzanas o las uvas y, en invierno, las bayas de muérdago y de hiedra. ¡A partir de septiembre se marchan a África!

Familia numerosa
La zarcerilla, la rabilarga, la zarcera, la carrasqueña, la tomillera... ¡Existen todo tipo de currucas! La más común, junto con la cabecinegra, es la mosquitera: del color de las hojas secas, no lleva gorro sobre la cabeza.

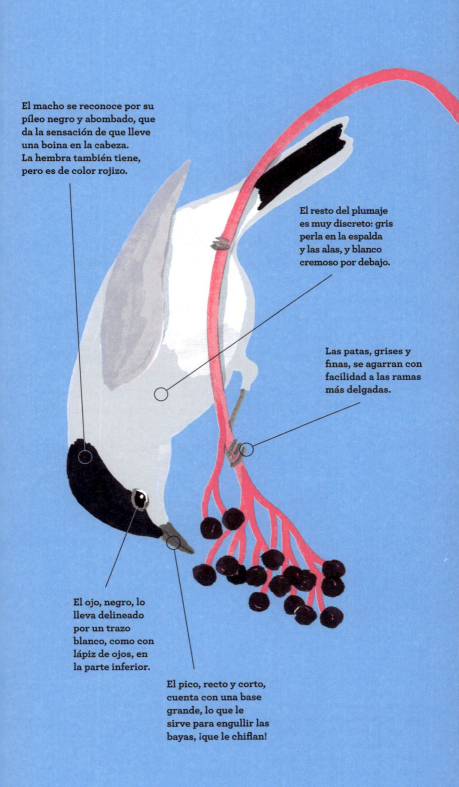

El macho se reconoce por su píleo negro y abombado, que da la sensación de que lleve una boina en la cabeza. La hembra también tiene, pero es de color rojizo.

El resto del plumaje es muy discreto: gris perla en la espalda y las alas, y blanco cremoso por debajo.

Las patas, grises y finas, se agarran con facilidad a las ramas más delgadas.

El ojo, negro, lo lleva delineado por un trazo blanco, como con lápiz de ojos, en la parte inferior.

El pico, recto y corto, cuenta con una base grande, lo que le sirve para engullir las bayas, ¡que le chiflan!

familia	córvidos
tamaño y peso	53 cm — 525 g
canto	grazna o grajea con un sonido ronco

Corvus corone

Corneja negra

En el campo, en la montaña, a la orilla del mar y también en las aceras de nuestras ciudades (aunque nunca en el bosque), a la corneja le encanta tener una buena vista de cuanto la rodea para supervisar mejor su territorio. En pareja o en bandada de solteras, posada como una centinela, monta guardia. ¿Hay un intruso? Grazna: «¡*Crrah-crrah-crrah!*» ¿Alguna presa? ¡Pues la localiza! Inteligente y astuta, persigue tanto a las ratas como a los escarabajos, saquea los nidos de otros pájaros, coloca nueces bajo las ruedas de los coches para cascarlas... o rebusca entre la basura. No podrás acercarte a ella: ¡nos teme como a la peste!

cuervo grande

corneja negra

grajo

¡Ya no la confundirás con sus primos! Se reconoce al cuervo grande por su aspecto desaliñado y por su tamaño: es mucho más grande. En cuanto al grajo, tiene el pico blanquecino, muy grueso y la parte delantera abombada.

¡Le encanta jugar!
En invierno la verás deslizándose por los tejados nevados, esquiando sobre sus largas patas. En el parque, varias de ellas se cuelgan cabeza abajo de alguna rama: ¡gana la que aguanta más tiempo!

¡Qué vida tan regalada!
Las parejas de cornejas viven rodeadas de una cohorte de avecillas jóvenes. ¡Son su servicio doméstico! Esta pequeña cuadrilla de personal las ayuda a construir su nido, alimentar a sus polluelos... y, dado el caso, ¡también hacen las veces de amantes de la señora!

familia	pícidos
tamaño y peso	33 cm — 200 g
canto	relincha y canta

Picus viridis

Pito real

En los parques, casi no esperamos encontrárnoslo porque pensamos que, sobre todo, habita en el bosque, pero cambiamos de opinión en cuanto oímos resonar su relincho: ¡hay quienes dicen que predice la lluvia! El carpintero verde, como también se lo conoce, no es un pájaro carpintero común y corriente. A diferencia de sus primos, el pico picapinos o el pito cano, no tiene la manía de repiquetear sobre los troncos para buscar larvas en ellos. Él prefiere recorrer la hierba dando zancadas en busca de hormigas. Por eso le gustan tanto nuestras zonas verdes. Eso sí, al menor peligro, ¡fiuuu!, huye y vuelve a pegarse a la corteza de algún árbol. ¡A ver quién es el listo que lo encuentra entonces!

El pito tiene un vuelo entrecortado: bate dos o tres veces las alas antes de replegarlas a lo largo del cuerpo. Cuando las despliega, se pueden admirar las rayas blancas y negras que adornan el extremo de sus plumas remeras.

¡Qué ricas las hormigas!
Son, con diferencia, su comida favorita. Las desentierra de entre la hierba, hurgando con el pico en sus galerías subterráneas y desplegando su larga lengua pegajosa para capturarlas.

El hogar del pito
En primavera, agujerea el tronco tierno de los sauces y los álamos para instalar su nido. Hace un orificio de unos 6 o 7 cm en forma de entrada. Detrás, hay un túnel que conduce a una cámara que rellena con virutas de madera para recibir a los polluelos.

Se le puede diferenciar de otros pitos por su cabeza enmascarada de negro, con un píleo peinado de color rojo intenso que le llega hasta la base de la nuca.

¿Lleva bigote rojo? Entonces, es macho. Cuando el bigote es negro, es hembra.

Solo tiene tres dedos en las patas, ¡pero son muy ganchudos!

Su manto verde le proporciona el aspecto de una placa de musgo cuando se pega a los troncos. ¡Qué hermoso camuflaje!

Como todos los pitos, sus plumas rectrices, callosas y rígidas, le sirven de punto de apoyo para estabilizarse sobre los troncos.

familia	colúmbidas
tamaño y peso	34 cm — 260 g
canto	zurea

Columba livia
Paloma bravía

¡He aquí un ave a la que le gusta verlo todo desde las alturas! Antiguamente, era salvaje y anidaba sobre los acantilados y las pendientes rocosas. Más tarde, descubrió la ciudad, un entorno magnífico, repleto de tejados altos a los que encaramarse, balcones, canalones y cavidades, en donde siempre hay cosas de comer y sin halcones ni águilas que la molesten. ¡Dicho y hecho! ¡En la ciudad se instaló! Ahora, pululando sobre nuestras aceras y decorando con sus deposiciones nuestras estatuas (a las que, por supuesto, se encarama también), es ella la que nos molesta a nosotros. Eso sí, ¡no olvidemos que, en otros tiempos, con el nombre de paloma mensajera, también nos hacía de cartera, repartiéndonos el correo!

Un bólido con GPS integrado
Si la vemos deambular por la calle, no diríamos que es capaz de alcanzar una velocidad de 150 km/h. Además, puede volar durante cientos de kilómetros de una sola vez y encontrar el camino a su nido esté donde esté: en el pico lleva cristales de magnetita que le sirven de brújula.

Caballerosa y galante
Eternamente fiel a su pareja, la paloma macho no solo la corteja en primavera. Durante todo el año, con el cuello dilatado y las alas hinchadas, la sigue por todas partes zureando, la ayuda a construir el nido, a incubar y a hacerlo todo. Solo la muerte puede separarlos.

Con su pico desmesurado y su plumón rubio revuelto, los polluelos de paloma (¡o pichones!) tienen un aspecto gracioso, pero no los verás si no vives cerca de algún tejado.

-32-

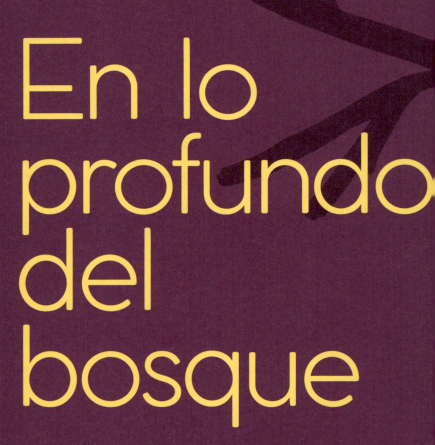

En lo profundo del bosque

Con voz amarilla,
el ruiseñor
llama a sus padres.
Kobayashi Issa

familia	fringílidos
tamaño y peso	12 cm — 16 g
canto	pía, trina, gorjea, maúlla o canta

Carduelis carduelis

Jilguero europeo

Para admirar este pajarillo, que es una pequeña joya, hay que trabajárselo. De marzo a julio, camuflado tras los árboles cerca de su nido, es prácticamente indetectable. Sin embargo, a partir de agosto, recupera sus dotes sociales: sale del bosque y podemos avistarlo, detrás de algún matorral, cuidadosamente posado sobre un cardo o un diente de león, o bien, errando como parte de una variopinta bandada, con su vuelo danzarín y furtivo, por encima de los prados y los terrenos baldíos. Aparte de alimentarse de las semillas del cardo, su planta favorita, este pájaro, que es granívoro, devora todas las de las malas hierbas. Si le dejas quedarse en tu jardín, tal vez te obsequiará haciéndote una visita.

¡No tocar!

El jilguero tiene un canto muy melodioso. Como durante mucho tiempo se lo capturó para criarlo en cautividad, el número total de jilgueros disminuyó drásticamente durante el siglo pasado. Ahora mismo, en Europa está prohibido capturarlos. Aunque todavía se ve amenazado por el uso de herbicidas, ahora está más protegido.

Un verdadero *playboy*

Para seducir a su pareja, el macho da vueltas alrededor de la hembra, separa un ala y después la otra, despliega la cola y curva la espalda. Complementa este número de seducción con ofrendas de comida.

Como solo se alimenta de semillas, el jilguero tiene mucha necesidad de agua. En verano, lo más fácil es observarlo a la orilla de charcas y arroyos, donde le encanta bañarse.

familia	muscicápidos
tamaño y peso	17 cm — 22 g
canto	canta, trina o entona silbidos y notas

Luscinia megarhynchos

Ruiseñor común

En abril, cuando la noche cae sobre el bosque, todos los pequeños paseriformes se duermen y enmudecen. Entonces, en medio del silencio, resuena un canto: es él, ahí está. No sirve de nada buscarlo, no lo verás. Día tras día, noche tras noche, infatigablemente, el ruiseñor profiere sus trinos para llamar a su amada. Y una vez que la conquista, continúa para proteger el nido. Más tarde, en junio, de repente, ya no se oye ni un ruido. ¿Se ha marchado ya? No, todavía no. Durante todo el verano, fisgonea en busca de insectos. Y, finalmente, una noche de septiembre, se marcha, esfumándose hacia el sur del Sáhara. ¡Ojalá llegue pronto abril de nuevo para que nos lo traiga de vuelta!

Un canto curativo
Compuesto por entre 120 y 260 secuencias con una duración de dos a cuatro segundos cada una, su complejo canto inspira desde hace siglos a los poetas, provoca estremecimientos en los enamorados y tiene la facultad, de calmar el dolor y acelerar la curación de los enfermos.

Un holgazán de los arbustos
El ruiseñor pasa el tiempo escondido entre la maleza. Allí es donde hace su nido, muy cerquita del suelo. Es también donde se alimenta, dando saltitos por el terreno, con la cola levantada, en busca de pequeños invertebrados.

Cuidado, con su cola normalmente levantada, el ruiseñor se parece mucho al chochín paleártico, pero este, con sus 10 cm y sus 8 g, ¡es mucho más pequeño!

família	fringílidos
tamaño y peso	15 cm — 24 g
canto	canta, gorjea o trina

Fringilla coelebs

Pinzón vulgar

¡Ah, qué alegre es este abigarrado pajarillo, cuyo macho nos deleita entre marzo y julio con su canto alborozado y territorial! Para verlo, mira la copa de los árboles: estará allí, en lo alto, posado, defendiendo su nido. Aunque también tendremos la oportunidad de observarlo en el suelo, donde se alimenta, pegando saltitos de acá para allá, meneando la cabeza al mismo ritmo. No es sibarita, pues picotea larvas, moscas, semillas, yemas y frutos podridos: ¡se come todo lo que le cae en el pico! Sociable, adaptable y, desde luego, siempre juguetón, es comprensible que sea el pájaro más común en muchos bosques.

Su primo, el pinzón real, proveniente del norte, es reconocible por el gorrito orejero negro que lleva sobre la cabeza. Podrás cruzarte con él de octubre a marzo... ¡Luego vuelve a marcharse!

Vida de soltero
Los pinzones tienen la particularidad de que viven casi todo el año en grupos independientes: los machos por un lado y las hembras, por otro. Su nombre latino, *coelebs*, significa «soltero». Los caballeros y las damas no se soportan, salvo en periodo de reproducción. Es más: ¡suelen pelearse!

Un gran emigrante
Cuando está aquí, el pinzón es sedentario. Sin embargo, puede volar largas distancias. Los pinzones reales, de hecho, acuden a miles desde tierras nórdicas, donde se reproducen, para invernar en nuestros bosques.

familia	fringílidos
tamaño y peso	9 cm — 5 g
canto	canta, gorjea o trina con un tono muy fino y agudo

Regulus ignicapilla

Reyezuelo listado

El reyezuelo es el pájaro más pequeño de Europa y constituye el fuego fatuo de los bosques. Va para acá; vuelve a pasar para allá; revolotea un instante como si fuera un colibrí, el tiempo suficiente como para picotear una hormiga, y luego vuelve a marcharse, como una flecha. Al más mínimo ruido, se le eriza la cresta como una llama sobre la cabeza, trina su potente *züü-züzi-zi* y se desvanece tras el follaje. Siempre está listo para ocultarse y te lo cruzarás en los encinares, los pinares o los abetales porque le gustan los árboles que no pierden sus hojas en invierno. Eso sí, también les tiene cariño a los caducifolios cubiertos de hiedra: por eso, cuando salgas de paseo, ¡mantén siempre los ojos bien abiertos!

Cabeza en llamas
Ese es el significado de su apellido en latín, *ignicapilla*. Tanto el macho como la hembra utilizan la cresta como indicador visual para reconocerse entre la vegetación y también para comunicarse sus emociones a distancia.

Como la mayor parte de las aves de los bosques, el reyezuelo recubre su nido de musgos y líquenes para camuflarlo. El suyo además tiene la particularidad de que es esférico. La entrada, minúscula, está ubicada en la parte superior.

Un nido térmico
A la hembra le resulta imposible incubar sus siete u once huevos a la vez: es demasiado pequeña. Por este motivo, construye un nido en forma de globo. En el interior de esta acogedora bola, sus huevos están justo a la temperatura perfecta.

Una raya negra sobre el ojo, bordeado por dos líneas blancas: estas tres tiras son la marca distintiva que permite distinguirlo de su primo, el reyezuelo sencillo.

El color de su cresta es distinto según el sexo: las hembras la tienen amarilla y los machos, de un naranja intenso.

Tiene un pico pequeñísimo, fino y puntiagudo, de insectívoro, señalado por una comita negra.

La espalda es de un hermoso verde intenso; las alas y la cola las tiene a rayas negras y grises.

Cuenta con unas pronunciadas garras en las patas: se cuelga por todas partes.

Garrulus glandarius

Arrendajo euroasiático

familia	córvidos
tamaño y peso	36 cm — 165 g
canto	arrenda, grazna, cacarea o grita

Marrón, rosa, blanco e incluso azul turquesa: el arrendajo es el único de los córvidos que no va ataviado con un hábito negro. Por desgracia, es difícil verlo. Como teme los espacios abiertos, prefiere instalarse en lo más profundo de los densos bosques, cerca de las hayas, los carpes y los robles (de hecho, también es conocido como arrendajo de los robles), cuyos frutos cosecha en otoño para acumular provisiones para el invierno. Lo podemos detectar sobre todo por su voz, cuando su grito ronco y áspero se oye a nuestro alrededor. Todos los habitantes de la zona, pájaros, zorros y ardillas, se esconden de inmediato. El arrendajo es el centinela del bosque.

El arrendajo cuenta con un buche bajo el pico: una pequeña bolsa extensible que puede contener hasta seis o siete bellotas. ¡Es muy práctico para transportarlas!

Pulgarcito
Al igual que la ardilla, el arrendajo entierra semillas en el suelo de cara al invierno. Sin embargo, él sí que memoriza sus escondites, pues coloca en ellos guijarros como punto de referencia. Es un pájaro muy inteligente.

¡Todos a cubierto!
A principios de primavera, el arrendajo levanta la voz para marcar su territorio. Para atemorizar a sus vecinos, se divierte entonces imitando toda clase de gritos: el del gato, el del caballo o el del águila ratonera.

familia	estrígidos
tamaño y peso	40 cm – 500 g
canto	ulula, baladra o vocifera

Strix aluco

Cárabo común

Más arisco que otros búhos o lechuzas, el cárabo muy rara vez abandona el cobijo del bosque. Vive en pareja, en algún árbol hueco, siempre en el mismo sitio. Por el día, inmóvil e invisible, no se le oye. Es necesario esperar hasta la noche para que manifieste su presencia con su *houuuuu, ho, ho, ho, houuuuu* quebrado, emitido intermitentemente por el macho. Entre cada grito, retumba el silencio. Y entonces, de repente, se precipita con su vuelo aterciopelado que apenas perturba la noche. Es el fin para la presa localizada, sea esta un ratoncillo de campo, un topillo campesino, una mariposa o un murciélago.

Se diferencia muy fácilmente de la lechuza común que se aloja en los campanarios de los pueblos: a ella, por su máscara facial en forma de corazón, se la ha apodado la «dama blanca».

¡Ay, la lluvia!
El cárabo caza de oído. Su sentido del oído es diez veces mayor que el nuestro. Lo único que lo perturba es el ruido de la lluvia. Si el mal tiempo se prolonga mucho, puede que se muera de hambre.

Señal nocturna
El grito del cárabo es fácil de imitar. Como a finales del siglo XVIII en Francia los insurgentes vandeanos lo utilizaban como grito de encuentro, se les puso el nombre de «chuanes», del nombre del cárabo en francés, *chouette*.

familia	sítidos
tamaño y peso	14 cm - 22 g
canto	canta, pía, trina y reclama

Sitta europaea

Trepador azul

A veces, si damos un paseo por el sotobosque, un enérgico *chuic-chuic-chuic* nos restalla en el oído. ¡Anda, mira, un trepador azul! Enseguida lo veremos bajar a toda velocidad por el tronco de algún roble, con la cabeza apuntando hacia abajo: es el único pájaro que consigue esta hazaña. Se pasa todo el día subiendo y bajando por los troncos de los árboles, atareado rebuscando con su largo pico dentro de las cortezas en busca de orugas o atrapando con él semillas para golpearlas con ahínco. Incluso introduce en los árboles reservas para el invierno porque no cambia de ubicación, ¡ni hablar! Mira: su nido está hecho de barro. ¡Se instala aquí de forma permanente!

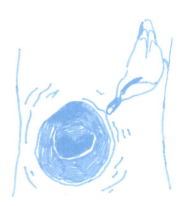

El trepador azul hace su nido en la cavidad de un árbol y la reutiliza de un año para otro. Para protegerla de los okupas o de los depredadores, achica la entrada con barro.

Pasión por la albañilería
El trepador utiliza las fisuras de las cortezas de los troncos como tenazas de herrero: mete en ellas bellotas, hayucos o avellanas para golpearlos y abrirlos. Después, deja las cáscaras vacías sobre los troncos.

¡Menudo jardinero!
También introduce en los troncos provisiones de semillas, que cubre con musgo o liquen para evitar que se las roben. ¡Esa es la razón por la que, a veces, germinan avellanos o girasoles en los troncos de los árboles de los bosques!

Tiene la cola muy corta.

En la penumbra del sotobosque, el trepador parece gris, pero si lo acaricia un rayo de sol, ¡pasa a ser azul! El vientre, en cambio, lo tiene rojizo.

Se suele colocar con la cabeza levantada, en una postura insolente. Su ojo rayado por una larga banda parecida al parche de un pirata confirma esta impresión.

Su pico parece una pequeña herramienta puntiaguda. ¡Y es bicolor!

Sus patas están provistas de cuatro largos dedos con garras curvadas: ¡es capaz de agarrarse a los troncos más lisos!

familia	cucúlidos
tamaño y peso	30 cm - 120 g
canto	hace cucú, canta en secuencias disílabas

Cuculus canorus

Cuco común

En lo más profundo del bosque, cada vez se escucha menos al cuco. La culpa la tienen los pesticidas que matan a las orugas o a los grillos que le hacen falta para emprender, a partir de julio, su largo viaje hacia el sur de África. Esta gran ave migratoria no regresa hasta la primavera y lo hace para reproducirse. Justo en ese momento, el macho, por encima de las copas de los árboles del bosque, canturrea su famoso *cuu-cu, cuu-cu*: un pícaro *cucú* destinado a las hembras, por supuesto. Estas, que multiplican en número a sus contrapartes masculinos, pondrán hasta veinticinco huevos en el transcurso de unas pocas semanas. Y no en cualquier sitio: ¡sino en los nidos de sus vecinos!

El polluelo cuco es voraz y multiplica su tamaño por treinta en un mes. Esta hembra de carricero común, aunque es mucho más pequeña que él, continuará alimentándolo durante dos semanas más.

Un intruso en el nido
Aprovechándose de la ausencia de los padres, la hembra cuco engulle uno de sus huevos y lo sustituye por el suyo: ¡es pequeñito y hasta tiene el mismo color que los demás! Eso sí, eclosionará antes, al cabo de 11 días.

Un asesino nato
Cuando nace, el polluelo cuco apenas pesa 2 g. Sin embargo, en la espalda tiene una concavidad en forma de cuchara que le permite levantar los huevos que lo rodean para expulsarlos del nido. ¡Lo único que le queda es dejarse mimar por sus padres adoptivos!

familia	fringílidos
tamaño y peso	12 cm - 12 g
canto	pía, trina y gorjea

Spinus spinus

Jilguero lúgano

Allá donde van, estos bribonzuelos no pasan desapercibidos. Son muy sociables y circulan siempre en bandada, haciendo no poco ruido. En invierno, estos vividores ocupan las orillas de los ríos —e incluso nuestros jardines— a fuerza de imponerse con sus alborotadores gorjeos. Después de hacer su recogida de semillas, se vuelven a marchar, con un vuelo saltarín, en dirección a otros paraísos. Se suelen agrupar en los alisos y picotean los estróbilos (o piñas) a costa de hacer mil acrobacias. Más tarde, cuando vuelven los días soleados, ya no se los ve más: pasan el verano en la montaña, al frescor de los abetos.

Al igual que el herrerillo, el jilguero lúgano tiene la costumbre de colgarse bocabajo en las ramas de los alisos, para poder arremeter contra sus frutos coriáceos, llamados estróbilos.

¡Primero!
El macho lleva un babero negro bajo la barbilla. El tamaño de este define qué puesto ocupará en el grupo. Cuanto más grande, más dominante será. Así pues, tendrá prioridad para acceder a la comida.

La estatua del Chizhik-Pyzhik
Una leyenda alemana cuenta que el jilguero lúgano esconde una piedra mágica en su nido que lo hace invisible durante la primavera. En Rusia, inspiró la canción infantil: «Chizhik-Pyzhik, ¿dónde has estado?» y su estatua votiva se encuentra bajo uno de los puentes de San Petersburgo.

Este minúsculo fringílido, de origen nórdico, cuenta con un hermoso plumaje que va del amarillo oliva al amarillo limón, con rayas negras. La hembra, menos llamativa, es de color gamuza, con el vientre blanco.

El macho lleva un píleo negro sobre la cabeza y un babero negro con una geometría variable bajo la barbilla.

Su pico tiene los lados planos: de este modo, puede deslizarlo fácilmente entre las escamas de los conos de las coníferas o los estróbilos para sacarles las semillas.

Hay que tener cuidado con no confundirlo con el serín verdecillo, ¡que se le parece muchísimo!

En campo abierto

Mi corazón late
como una bandada
de golondrinas.
Yotsuya Ryû

familia	estórnidos
tamaño y peso	20 cm – 75 g
canto	imita, silba, chasca, chirría, trina y gorjea

Sturnus vulgaris

Estornino pinto

¡No te creas que es un joven triste y saturnino! Este pájaro cubierto de motas, con aspecto de pequeño mirlo, tiene sentido común y un carácter con mucho temple. Para huir del tedio, vive en colonias con cientos e incluso miles de ejemplares. Vuelan en cuadrilla saqueando huertas y devastando viñedos o caen en picado sobre los campos, trotando por los surcos hasta dejarlos limpios. Una vez que se han llenado el estómago, se posan sobre las líneas del tendido eléctrico o requisan todas las ramas de un árbol y no dejan hueco para nadie más. Si intentas desalojarlos, se pondrán a silbar y a chillar... ¡O incluso pitarán como un claxon!

Al atardecer, los estorninos forman espectaculares enjambres en el cielo, ondulando a toda velocidad de forma sincronizada. Los científicos desconocen cómo consiguen coordinar sus movimientos.

El vecino pesado

Respaldado por su superioridad numérica, el estornino no duda en dedicarse a dar voces. Sabe imitar los cláxones de los coches, los carillones, los silbatos e incluso las melodías de nuestros teléfonos móviles. ¡Nada mejor para sacar de quicio a sus vecinos!

¡Y, además, es un okupa!

Este pájaro anida en cavidades, pero no las horada él mismo: les roba el hogar a los pitos u okupa el del herrerillo o el del trepador. O lo que es peor, ¡puede ocurrírsele anidar tras la bombilla de una farola!

Con su pico largo y curvado, el estornino hurga en la tierra blanda de los campos. Como es omnívoro, disfruta igual comiendo insectos que semillas recién plantadas.

Unas plumas ornamentales adornan la garganta y las alas de los machos.

Al finalizar su muda estival, unas manchitas blancas salpican su hábito negro. Se atenuarán en primavera, a causa de sus frotamientos contra las paredes del nido.

Al contrario que el de los mirlos, ¡su plumaje brilla!

Sus patas tienen la particularidad de que cambian de color con la estación: de marrones pasan a rojas en el periodo nupcial. Su pico también pasa de negro a amarillo, o rosa en la hembra. ¡Así es más hermoso!

familia	aláudidos
tamaño y peso	18 cm - 40 g
canto	canta y emite trinos y gorjeos

Alauda arvensis
Alondra común

Aparentemente, la alondra no tiene nada especial. Humilde residente de los campos de cultivo, se pasa la vida en el suelo, deambulando. Camina con la espalda redondeada, siempre un poco encorvada. Al menor ruido, se acuclilla, y hace su nido en cualquier simple agujero. Podríamos poner punto y final a la historia aquí, pero... fiel, cuando llega febrero, la alondra vuelve a encontrarse con su pareja. Se inicia entonces en los campos una fantasía de canciones, un espectáculo fantasmal de espirales que maravillan desde la noche de los tiempos. Ninguna otra ave ha sabido captar nuestro afecto como ella. Y, sin embargo, actualmente, amenazada por nuestras prácticas agrícolas, la alondra está en peligro de extinción. ¡Cuidado!

El ave de los galos
Les gustaba tanto, que hicieron de ella su emblema y se ponían sus alas en el casco cuando partían a la batalla (¿te acuerdas del casco de Astérix?). ¿Y qué pasa con el gallo galo? ¡Qué va! Ese símbolo se adoptó durante la Revolución francesa.

Un canto de 600 notas
Su canto, vibrante y musical, forma frases articuladas y tiene la particularidad de poder expresar todo un abanico de emociones. Es el macho quien lo emite para comunicarse con su pareja y protegerla.

Durante la primavera, siempre cantando, el macho sube y baja en espiral por encima del nido donde incuba la hembra. Este espectáculo, habitual en los campos, es toda una hermosura.

En la cabeza, el cuello y el pecho luce unas hermosas motas pardas, y una elegante ceja blanca le prolonga el ojo.

El pico, de color pajizo, es largo y grueso. La alondra se alimenta de insectos dañinos y de semillas de malas hierbas y jamás toca el grano cultivado: ¡por eso se dice que es tan amable!

Su plumaje uniforme, de color terroso, se confunde perfectamente con el suelo, por donde se mueve la mayor parte del tiempo.

Sus alas extendidas presentan una forma triangular durante el vuelo.

familia	upúpidos
tamaño y peso	28 cm - 70 g
canto	upupa y chilla

Upupa epops

Abubilla común

Si notamos que pasa volando, nos da la sensación de haber visto una gran mariposa. Eso sí, una vez que se detiene, la reconocemos. Este pájaro de aspecto exótico resuena en los bosquecillos. Viene directamente desde África y solo está aquí de paso, entre abril y agosto, durante el transcurso de una única incubación. Visita con frecuencia los pastos donde pacen los caballos, a los que les tiene cariño: sin duda, porque echa de menos a los grandes animales de su sabana. En la hierba, a la vera de los cuadrúpedos, busca insectos y larvas rollizas; anida en los troncos de los árboles y en las ruinas de los viejos apriscos. Su presencia bucólica, aunque cada vez más escasa, es señal de la buena salud ecológica de cualquier terreno.

Parecidos a los de una mariposa, los aleteos de la abubilla son lentos y sincopados. De este modo, puede volar sin moverse del sitio para dar de comer a sus polluelos o para buscar su propio alimento en los árboles.

¡Uup-uup-uup!
Entre abril y mayo, el macho emite este grito repetidas veces, con varios segundos de intervalo. ¡Cuanto más tarda en perder el aliento, más demostrará su vigor a las hembras de los alrededores!

Arma olfativa
La abubilla hembra no limpia nunca las heces de sus crías. Además, en la cloaca, tiene una glándula que genera una sustancia nauseabunda, con la que recubre sus huevos y a sus polluelos. ¡La consecuencia es que su nido huele tan mal que ningún depredador se atreve a acercarse a él!

familia	hirundínidos
tamaño y peso	18 cm - 20 g
canto	trisa y gorjea

Hirundo rustica

Golondrina común

¡Ah, por fin llega! Cuando ella regresa, ¡vuelve la primavera! A partir de mediados de marzo en el sur y a principios de abril en el norte, la golondrina, muy visible, revolotea en el cielo con su vuelo ágil. Fácil de reconocer por sus alas en forma de hoz y su cola ahorquillada, como la de un avión de caza, pasa volando por encima de los campos y los cañaverales con el pico abierto de par en par, atiborrándose de mosquitos y de moscas.
¡Qué útil es! Bajo las vigas de los graneros, construye su nido. Con mucho gusto le damos la bienvenida y, sin nosotros, no podría sobrevivir. Entonces, llega septiembre y, rápidamente, le toca marcharse, rumbo a África, más allá del Sáhara. *¡Flitt!* A la señal indicada, desaparece.

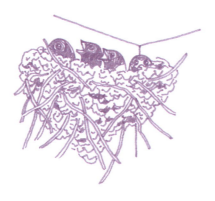

Con su propia saliva, la golondrina adhiere su nido a los techos de edificios viejos. Forrado de plumón (¡y del pelo arrancado de los lomos de los gatos!), el nido acogerá entre dos y tres nidadas de entre cuatro y cinco polluelos a lo largo de la temporada.

A cien kilómetros por hora

La golondrina apenas se posa. En el suelo, le estorban sus largas alas y no baja más que para recoger barro para su nido. Se alimenta e incluso bebe mientras vuela, rozando con el pico la superficie del agua de los lagos y sumergiéndose en ella para darse un baño rápido.

¡Medida preventiva!

Antes de marcharse y migrar, las golondrinas se reagrupan sobre las líneas del tendido eléctrico. Míralas bien: cada una de ellas mantiene con su vecina una distancia de 15 cm. ¡Detestan apiñarse!

familia	falcónidos
tamaño y peso	35 cm - 220 g
canto	chilla y reclama

Falco tinnunculus

Cernícalo vulgar

Si pasamos en coche por una carretera rural, de tanto en tanto, otearemos una especie de energúmeno suspendido en el aire, por encima de algún talud. ¡Es el cernícalo! Este pequeño halcón, una de las rapaces diurnas más habituales en estos lares, no caza como sus primos, el alcotán europeo o el halcón peregrino, surcando el cielo en persecución de infelices pajarillos. No, ¡lo suyo son los topillos campesinos! Lo vuelven loco, hasta el punto de pasarse horas y horas esperándolos, en vuelo estacionario, permitiéndonos admirar su hermoso plumaje moteado, su pequeño pico ganchudo y sus afiladas garras.

Alas curvadas, que bate tan deprisa que ni siquiera las vemos moverse, cola en abanico, ojos que escrutan el terreno: el cernícalo aguarda a los topillos campesinos. Esta posición de acecho, que le es tan característica, se llama «posición del Espíritu Santo».

¡Dime si me quieres!
En general, guarda silencio, pero se vuelve muy bullicioso durante el periodo nupcial. Va detrás de su pareja por el cielo y entonces chilla sus *ki-kii-ki-kii* incesantes, que recuerdan al ruido de una carraca.

Sin complicaciones
Como todos los halcones, el cernícalo no construye nido y pone los huevos directamente sobre la roca. Cualquier cavidad le vale. Y si no encuentra ninguna, se contentará con el antiguo nido de algún córvido, en lo alto de un poste de la electricidad.

familia	fringílidos
tamaño y peso	16 cm - 30 g
canto	pía, trina, gorjea o canta

Pyrrhula pyrrhula

Camachuelo común

En un recodo de un bosquecillo —¡en los pocos que quedan!— un gritito lastimero atrae nuestra atención: *Buii… buii…*. Si nos damos rápido la vuelta y miramos allá bajo las hojas, lo veremos: ¡oh, qué maravilla, un camachuelo! Es un solete este pajarillo, redondo como una bola, suave como un corderillo y que apenas se mueve. Aguántate las ganas de cogerlo: ¡podría morir! Es muy emotivo, pero calmoso, muy tranquilo, se desplaza con lentitud y el nombre que recibía en latín, *bovariolus*, significa «bueyecillo», porque, antiguamente, acompañaba a los labradores en los campos, detrás del arado. Hoy lo vemos cada vez menos… ¡a saber por qué!

En muchos países, el camachuelo trae buena suerte. Lo solemos ver representado en las tarjetas de felicitación de Año Nuevo, volando con una ramita en el pico y acompañado por su amada, al igual que en la naturaleza.

Paz y amor
El camachuelo es pacífico y no se pelea nunca con otros pájaros. Prefiere dedicar su tiempo a hacerle mimos a su media naranja, con la que vive en pareja durante todo el año. Se dan piquitos, se regalan ramitas… ¡Su desfile nupcial no tiene fin!

Menú vegetariano
Es muy tímido y, sobre todo, se mueve refugiándose entre los setos y los arbustos. Allí es donde anida y donde se alimenta de bayas en invierno, de yemas en primavera y de las semillas de los árboles en verano.

Es como si su pico cónico y abombado estuviera soldado a la cabeza. Es muy fuerte y le sirve para seccionar la cáscara dura de las semillas de las coníferas o para aplastar las bayas coriáceas de los serbales y los saúcos.

El color peonía es exclusivo del macho. La hembra es beis anaranjada.

¡Parece como si careciera de cuello!

Como todos los fringílidos, tiene cuatro dedos en las patas, tres delante y uno detrás, y sabe hacer acrobacias en los arbustos.

familia	estrígidos
tamaño y peso	40 cm – 350 g
canto	ulula o grazna

Asio otus

Búho chico

Si te lo imaginas acurrucado en lo más profundo del bosque, ululando entre la bruma, no vas por buen camino. El búho chico es sociable y en absoluto territorial, ¡el bosque lo deprime! En invierno, con sus compañeros, opta por pernoctar en nuestros jardines, apiñándose bajo las agujas de algún pino: ¡le encanta montar acampadas! En primavera, después de lanzar su *uh-uh-uh* sordo para llamar a su compañera, se muda con ella a algún viejo nido de corneja. Después, vuelve a irse de juerga durante las hermosas noches de verano, posándose por el día a la vera de los caminos. Vamos, que durante todo el año lleva esta vida bohemia delante de nuestras narices... ¡Y eso que no lo vemos jamás!

Hay tres tipos de búhos en la familia del búho chico: el autillo europeo, que es el más pequeño; el búho chico, que es el mediano, y el búho real, que es el más grande. Cada uno es el doble de grande que el anterior. El búho chico (también apodado «búho de orejas largas») es, con diferencia, el más común. Y, ¡buenas noticias!, no está en peligro de extinción.

Desaparición ninja

El búho chico es capaz de modificar la forma de su cuerpo. Cuando nos acercamos a él, se yergue, cierra los ojos y retrae su máscara facial: con su plumaje del color de la corteza de los árboles, ¡se vuelve invisible!

Cazador de primera

Por la noche, deslizándose en silencio sobre prados y huertas, se pone en modo caza. Detecta a sus víctimas con la vista o por el ruido, se acerca despacio y... *¡Pop!* Les da un golpe seco con el pico en la parte trasera del cráneo y les provoca una muerte instantánea.

Sus «orejas», llamadas penachos, en realidad son cejas, formadas por plumas eréctiles. Las levanta cuando se siente inquieto y las frunce cuando está en calma, apoyándolas sobre la cabeza.

Tiene un par de grandes ojos de un amarillo anaranjado que suele mantener semicerrados para hacerse menos visible.

Su disco facial rojizo es una antena parabólica, que transforma como le viene en gana.

El jaspeado negro que adorna su plumaje imita las asperezas de las cortezas de los árboles. La hembra es un poquito más oscura que el macho, pero es difícil diferenciarlos.

familia	accipítridos
tamaño y peso	35 cm - 225 g
canto	chilla con un sonido cacareante

Accipiter nisus

Gavilán común

Con su atuendo gris pizarra y su silueta estilizada y afilada, este elegante rapaz tiene la habilidad de sembrar el pánico allá donde dirige el extremo de su ala. Antiguamente bautizado como «virote», que es el nombre que reciben las flechas de la ballesta, es un adepto a los ataques relámpago y la pesadilla de todos los pajaritos del bosquecillo. Volando a ras del suelo entre los setos o al acecho en una esquina de algún tejado mientras vigila los comederos, siempre los coge por sorpresa. Y si su presa se le escapa, la persigue por el cielo durante kilómetros, la sigue a pie entre los arbustos e incluso la acorrala hasta la entrada misma de nuestras casas. ¡Y consigue agotarla!

A la izquierda, la dama y a la derecha, el caballero: es un tercio más pequeño que su compañera, no tiene la ceja blanca sobre el ojo y las rayas de su vientre son de color rojizo.

Patrullero
Cada mañana, el gavilán recorre su perímetro de caza (un espacio de entre 6 y 10 km^2) conforme a un circuito bien definido previamente y jalonado por puestos de vigilancia. ¡Lleva una disciplina militar!

Una película de terror
Tiene el pico demasiado pequeño como para matar a sus presas. Así pues, para que no forcejeen una vez capturadas, las amasa con las patas como si fueran bolas de pasta, las comprime y las desgarra. ¡Puede incluso llegar a desplumarlas o a despedazarlas vivas!

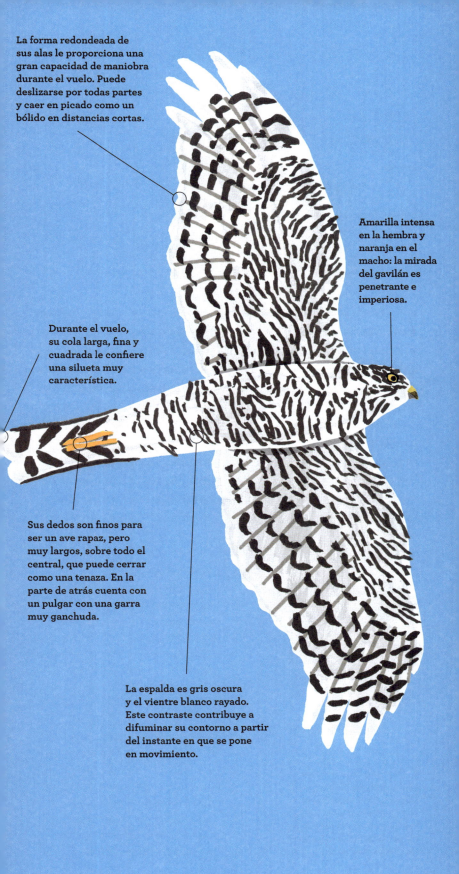

familia	túrdidos
tamaño y peso	22 cm - 78 g
canto	gorjea y pía unas notas crujientes y estridentes

Turdus philomelos

Zorzal común

Muy cerca del bosque, en la linde, una nítida voz se propaga en la lejanía. Desde el alba hasta muy tarde por la noche, el zorzal canta sin dejarse ver jamás, tan pronto como los árboles rebrotan. Pero si no decimos ni pío y no nos movemos ni un milímetro, tal vez podamos ver a este tragoncete bajando al suelo. Totalmente pardo y rechoncho, escarbando en la capa de mantillo con sus patitas con garras, se mantiene alerta en todo momento. Avanza dando saltitos, furtivo, ladeando la cabeza hacia los costados, picoteando aquí una baya y, un poco más adelante, algún bicho. Al más mínimo suspiro, se marcha volando. Ya sabe de qué va el percal: lo llevamos cazando desde hace siglos, así que es asustadizo.

¡Menudo oído!
Los cazadores atraen a las hembras con reclamos, unos silbatos con los que reproducen el canto de los machos. Eso sí, ante cualquier nota en falso, se descubre la trampa: este pájaro, capaz de imitar los gorjeos de todos sus vecinos, tiene un oído absoluto.

¡Qué habilidad!
Con su largo pico, es capaz de extraer la pulpa de las cerezas, ¡y no deja en el árbol nada más que el hueso! También lo usa para descartar las partes tóxicas de las bayas o para sacar los caracoles de su concha.

Si sales de paseo y ves una piedra rodeada de restos de caracol, que sepas que es la piedra de un zorzal. De hecho, la usa con frecuencia para cascar las conchas de estos gasterópodos.

A la orilla del agua

Las lluvias estivales
hacen desaparecer
las patas de la garza.
Matsuo Bashô

familia	ardeidos
tamaño y peso	95 cm – 1,5 kg
canto	grazna

Ardea cinerea

Garza real

Muy frecuente a la orilla de los lagos, donde pesca quedándose al acecho, inmóvil como una estatua, esta elegante larguirucha oculta en su interior un alma de ladrona de guante blanco. Tras sus falsos aires parsimoniosos, esta ave es ágil, dinámica y, cuando se presenta la ocasión, migratoria. Hace incursiones habituales en nuestros jardines, atraída por los estanques con peces dorados que se apresta a vaciar con un solo golpe de pico. También podrás verla en el zoológico, lánguida, entre los flamencos, y vigilando, sin que se le note, la comida de los leones marinos que están justo al lado. O incluso te la encontrarás en el campo, cazando ratones campestres, espiando a los roedores entre los campos de trigo. ¿Quieres capturarla? La muy pícara se te escapará delante de tus narices, dando grandes zancadas altaneras, rebosando dignidad.

En lugar de replegar las patas y estirar el cuello durante el vuelo como la mayor parte de las demás aves, la garza real hace lo contrario. Su perfil en el cielo es inconfundible.

¡Altos vuelos!
No nos la imaginamos haciendo acrobacias sobre los árboles. ¡Craso error! Es en ellos donde hace su nido en plataforma, como su prima la cigüeña. Se pone cómoda separando las alas para equilibrarse y agarrándose de las ramas más finas con sus largos dedos.

Nada generosa
A las garzas reales les gusta vivir en colonia, pero a la hora de la comida se vuelven muy solitarias. Cada una tiene su rincón de pesca asignado. Si alguna de sus congéneres se atreve a invadirlo, ¡la bronca está asegurada!

familia	motacílidos
tamaño y peso	20 cm — 18 g
canto	canta unas notas penetrantes

Motacilla cinerea

Lavandera cascadeña

Recibe el apodo de «la bailarina de los ríos» ¡porque es muy agraciada! Cada uno de sus movimientos parece una danza. Torrentes, arroyos, cascadas: allá donde corra y salpique el agua fresca, estará ella. En la ciudad, en la montaña, en el bosque o en el campo: está por todas partes, con los pies metidos en el agua o justo al lado, deambulando con sus pasitos ligeros. Discreta y familiar, anida bajo los puentes. En los viejos molinos se alimenta de todos los pequeños insectos que revolotean o patinan por la superficie de las aguas. Si no la has visto nunca antes, seguramente sí la habrás oído: ¡su *ziss-ziss* es tan nítido que se superpone al gorgoteo del agua del río!

Su prima, la lavandera gris, es una visita frecuente en las lavanderías de los pueblos, de ahí proviene el nombre de ambas. Está muy extendida y es más fácil de avistar.

Con pies de plomo
La lavandera no se desplaza a saltitos, como la mayor parte de los pájaros, sino caminando, dando un paso detrás de otro, posando con delicadeza las patas en el suelo. ¡Casi es como si anduviera de puntillas!

Meneacola
Antiguamente se la llamaba así porque menea la cola de arriba abajo cuando se está alimentando. Muy larga, la cola le sirve como balanza para mantener el equilibrio en cualquier circunstancia.

familia	alcedínidos
tamaño y peso	16 cm — 35 g
canto	silba y emite un canto espasmódico e irregular

Alcedo atthis

Martín pescador

Un silbido estridente y una flecha azul pasan veloces a ras del agua: eso es, en general, lo que percibimos de este alción furtivo que es el martín pescador. Como ave mítica de los griegos y al que su familia le debe su nombre latino, ¿trae buena suerte? En todo caso, no a los peces: en cada ataque, o casi, da en el blanco. Posado al acecho sobre el agua, espera el momento adecuado para actuar. Después de un vuelo oblicuo y una breve y contundente zambullida, no tarda en salir como una bola de cañón, con la presa en el pico, camino de su rama para zampársela de un bocado. Enseguida vuelve a la carga. En un día, este glotoncete es capaz de atrapar entre sesenta y setenta peces.

El martín pescador siempre se come los peces en la orientación de las escamas. Si atrapa alguno al revés, lo lanza al aire para darle la vuelta, como si fuera una tortita, antes de zampárselo.

El principio de Arquímedes

El martín pescador, batiendo las alas a toda velocidad, aprisiona el aire bajo las plumas. Tras zambullirse, a veces hasta a un metro de profundidad, se sirve de ese aire para regresar a la superficie, ¡como si fuera un corcho!

¡Es un martillo neumático!

Instala su nido en una madriguera que excava él mismo con el pico, en las riberas de los ríos. Durante dos semanas construye el agujero, evacuando la tierra con las patas, ¡hasta conseguir un túnel de 1,20 m de largo!

familia	láridos
tamaño y peso	40 cm — 285 g
canto	grita, chilla, grazna o ríe

Chroicocephalus ridibundus

Gaviota reidora

Aunque se la vincula con los estuarios donde cada primavera regresa a hacer su nido, en grandes colonias y siempre en el mismo lugar, el resto del año la gaviota vagabundea. Burlona, ruidosa y belicosa, se la ve por todas partes. Durante el verano, saquea las orillas del mar; en otoño, sigue de cerca a los tractores en los campos de cultivo, y, en invierno, ocupa los parques de las ciudades. Se alimenta de todo y de todas las maneras posibles: planea en el aire, escruta la arena o la tierra, nada, se zambulle, aborda los barcos de pesca, escamotea la mercancía de los puestos en el mercado, les roba las presas a otras aves y se disputa sin descanso el botín de sus congéneres. Nada la detiene: ¡es una filibustera!

Bandera negra
En primavera, la cabeza blanca de las gaviotas reidoras se cubre de un capuchón color chocolate, que parece negro visto de lejos. Este indicio visual informa a las otras aves de que está en periodo de reproducción y por eso ¡será aún más agresiva de lo habitual!

Se la suele confundir con su prima, la gaviota argéntea, pero esta es más grande, su pico es amarillo (con una mancha roja debajo) y no se ríe: ¡cuando chilla, parece incluso que llora!

Ritual nocturno
Cada noche, las gaviotas reidoras se reúnen dando grandes gritos y, después, van todas juntas a bañarse, en el mar o en algún estanque. ¡Es su manera de asearse antes de irse a dormir!

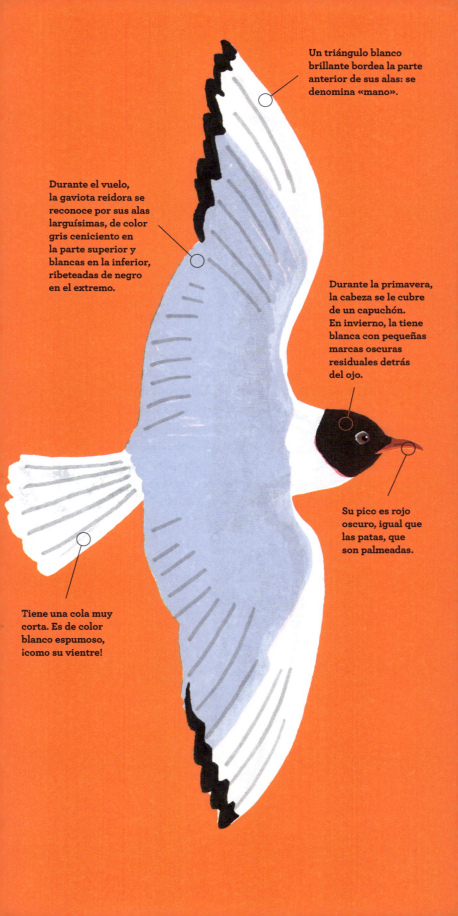

Anas platyrhynchos

Ánade azulón

familia	anátidos
tamaño y peso	65 cm — 1,125 kg
canto	grazna o parpa

Este animal, el más común de los patos, disfruta dondequiera que haya un poco de agua, especialmente si no es muy profunda: cualquier pequeña charca es suficiente para hacerlo feliz. Al mismo tiempo que grazna sin parar —¡es un gran charlatán!—, se dedica a nadar, dando vueltas en su estanque y echándose la siesta. Viéndolo llevar esta existencia a cuerpo de rey, nos asalta la pregunta: ¿será capaz de volar? Si te queda la duda, ve a importunarlo: de un salto y sin impulso, se irá volando por el cielo como un cohete. Y puede que no lo sepas, pero, aunque parezca tan perezoso durante el día, por la noche es cuando se marcha a pie por la hierba y los matorrales, ¡y entonces el ánade azulón se convierte en todo un aventurero!

¿Una hembra tristona?
Con su plumaje del color de las hojas secas, la hembra del ánade desmerece en comparación con su contraparte masculino, pero esto responde a una razón: ¡este la abandona justo después de fecundarla! Ella anida bajo los matorrales, directamente sobre el suelo, y lo que más le interesa es no llamar la atención.

Cuando eclosionan los huevos, los patitos, cubiertos de plumón, aprenden rápido a nadar. Su mamá les enseña entonces a chapotear, es decir, a alimentarse volteando el cuerpo y poniéndolo del revés, para hurgar con el pico en el fondo de los estanques.

Madre coraje
Si en algún momento tiene que ausentarse del nido, la hembra se arranca plumas del vientre para cubrir sus huevos y protegerlos. Y si algún depredador los localiza, ella lo distraerá haciendo como que cojea para que la cace, dispuesta a sacrificarse.

El macho del ánade azulón se distingue por su cabeza cubierta por un pasamontañas verde que brilla al sol. Lo lleva todo el año, salvo en la muda de verano, cuando se reviste del llamado «plumaje de eclipse», tan pardo como el de la hembra.

Su gran pico amarillo laminado le sirve para filtrar el agua o el barro: se alimenta de pequeñas presas acuáticas, pero también de hierba y de desechos vegetales.

Las plumas rectrices de su cola están curvadas en forma de arco.

Una hermosa banda de color violeta irisado le recorre el lateral de las plumas remeras: recibe el nombre de espejo o espéculo.

Cuenta con patas de un color naranja intenso, palmeadas, que agita siempre de forma alterna: cuando nada, avanza así, a trompicones. ¡Y cuando camina, se bambolea!

familia	recurvirróstridos
tamaño y peso	40 cm — 180 g
canto	emite un grito penetrante

Himantopus himantopus

Cigüeñuela común

En las marismas, las lagunas y los arrozales, su silueta grácil nos es familiar. Encaramada sobre sus altísimas patas, camina a grandes zancadas en un pequeño milagro de equilibrismo. Con un pico fino como una aguja, picotea con cuidado los insectos que se deslizan sobre la superficie del agua, o a veces sumerge la cabeza en busca de algún pequeño crustáceo.
Sin embargo, no puede aventurarse fuera del agua, a diferencia de su prima la avoceta, con la que anida en colonia en las zonas húmedas. En otoño, migra, aunque inverna en Europa cada vez con más frecuencia.

Gesticulaciones
La cigüeñuela es un ave nerviosa y bulliciosa en periodo de reproducción. En las cercanías de su nido, que defiende con vitalidad, se la suele ver saltar en el aire, agitando las patas de un lado a otro: esta artimaña cómica le sirve para impresionar a los intrusos.

Custodia compartida
Ambos progenitores se encargan de incubar los huevos, relevándose en el nido. Cuando el macho llega porque es su turno de hacer guardia, arranca matas de hierba y se las echa a la espalda ante la hembra. Esto, más o menos, seguramente quiere decir: «No te preocupes, que yo me encargo».

No debemos confundirla con la avoceta común, su prima hermana, que tiene el pico apuntando hacia arriba, alas blancas en el centro y un píleo negro que empieza en el pico y le llega hasta la base de la nuca.

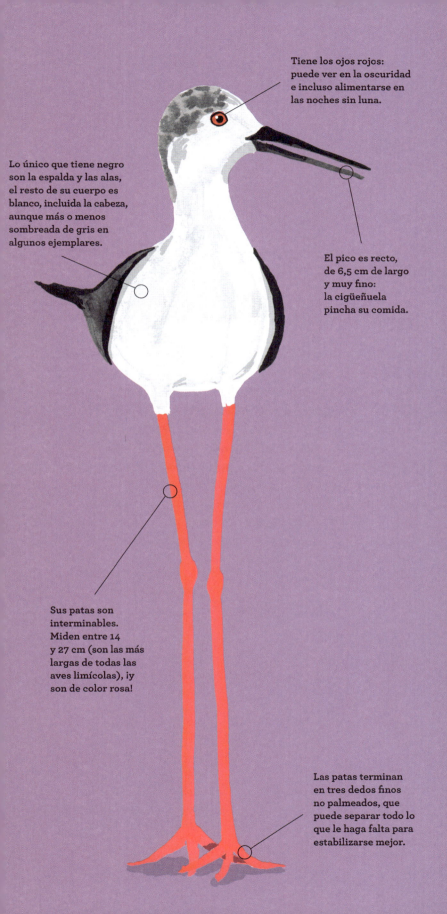

familia	hematopódidos
tamaño y peso	42 cm — 610 g
canto	grita, trina, reclama o canta

Haematopus ostralegus

Ostrero euroasiático

Gracias a él, ¡no cabe la menor duda de que cambiaremos de aires! Encaramado sobre los acantilados cuando sube la marea y precipitándose en una ruidosa bandada con la marea baja, es el ave por excelencia de la orilla de los mares, sobre todo los nórdicos, aunque en invierno tampoco le hace ascos al Mediterráneo. Explorando con su pico el *slikke* (o zona inundable de las marismas) o rastreando sobre las rocas, a este gran escamoteador de moluscos también le encanta deleitarse con los cangrejos, los gusanos y con cualquier otra cosa que pulule por las pequeñas charcas saladas. Descarado y pendenciero, por el más mínimo molusco monta una trifulca. Eso sí, cuando vuelve la marea, todo queda olvidado: a cientos, a miles, o incluso muchos más, regresan para posarse o anidar con su media naranja.

Una herramienta especializada

Con su enorme pico, golpea repetidamente los moluscos para partirlos o, incluso mejor, los sorprende cuando están entreabiertos. Al separar las valvas de la concha, les secciona el músculo que los une a ella, ¡y se da un festín de marisco!

En pleno vuelo, el ostrero es fácil de reconocer por la cola y las alas con su elegante ribete blanco y negro. En el reverso, las alas son completamente blancas, con solo el borde negro.

Adaptación relámpago

Los ostreros invadieron nuestros litorales hace ya varios años: ¡el pico de ciertas poblaciones incluso ha empezado a afinarse para especializarse en la caza de lombrices de tierra!

familia	escolopácidos
tamaño y peso	20 cm — 60 g
canto	canta y trina

Calidris alba

Correlimos tridáctilo

Allá donde terminan las olas, sobre la playa, un pajarillo regordete va de acá para allá. Cuando llega la ola, retrocede; cuando la ola se aparta, él avanza. ¿Está jugando? No, lo que está haciendo es comerse todas las pequeñas presas que el mar le trae. De repente, echa a correr tan deprisa que no se le ven las patas. ¡Pero es que este correlimos es más habilidoso y mucho más veloz de lo que podríamos pensar si solo nos fijamos en su ligero sobrepeso! De hecho, su redondez no es ningún lujo: se protege del frío del Ártico donde, en verano, se traslada para reproducirse. El resto del año viene aquí o incluso más lejos aún: ¡este extraordinario pajarillo migratorio es capaz de viajar, si lo desea, hasta Australia!

El traje de invierno
Al igual que su primo, el correlimos común, tiene un plumaje de verano marrón rojizo que se confunde con la tundra. Al regresar al sur, muda y el rojo se vuelve gris perla. Así, pasa desapercibido entre los guijarros y la espuma.

Todo un sibarita
Dado que su pico es demasiado corto como para rebuscar en la arena, se alimenta a la orilla del agua, allí donde las olas remueven el suelo, y picotea. Busca moluscos, gusanos, crustáceos y los ojos de los peces, que le encantan.

No lo confundas con el correlimos común: este tiene una mancha negra sobre el vientre y un pico más largo y ligeramente curvado. Es un habitual de las marismas y, en verano, a veces anida en la montaña, de ahí su nombre latino, *Calidris alpina*.

Su pequeño pico negro no es más ancho que su cabeza.

A partir del otoño y hasta su partida hacia Groenlandia, Spitsbergen o Siberia entre marzo y junio, el correlimos tridáctilo se viste con un suave hábito gris perlado, con plumas orladas de blanco.

Tanto en verano como en invierno, tiene el vientre de un brillante color blanco como la nieve.

Es la única ave limícola cuyos dedos no miran hacia atrás: sus tres dedos están orientados hacia delante y se suelen juntar en forma de espátula, lo que incrementa su velocidad cuando corre por la arena.

familia	anátidos
tamaño y peso	1,40 m — 11,5 kg
canto	vozna o emite un graznido metálico

Cygnus olor

Cisne vulgar

Cuando se desliza en silencio sobre las aguas de un estanque, inmaculado y majestuoso, es imposible que no nos maraville. Pensamos que es un animal doméstico, nos encantaría acercarnos a él... Pero, ¡cuidado! Es salvaje y, si su nido se encuentra en las cercanías, bien podría atacarnos. Ese estanque o ese lago es su territorio por entero: vuelve a él todas las primaveras y a veces no lo abandona nunca. Si las demás aves nadan allí es porque él se lo permite, como buen dueño y señor. En cuanto a su damisela, ella también se encuentra allí, claro está, a su lado, con sus polluelos grises, cuyo plumaje se blanqueará en el transcurso de su primer invierno de vida. Entonces, tendrán que marcharse y, si se demoran, sus padres los ahuyentarán, incluso a costa de morderles, para seguir siendo los amos indiscutibles de su feudo.

¡No hay canto del cisne que valga!

Se le apoda cisne mudo porque apenas genera unos débiles sonidos, debido a la estrechez de su tráquea. En cambio, cuando vuela, sus alas producen una vibración musical que se oye de lejos.

Agresivo

Se comunica mediante sus posturas. Cuando se acerca con las alas extendidas y la cabeza plegada hacia atrás, no es buena señal... Podría morder, propinar dolorosas bofetadas con las alas, e incluso empujar a su adversario al agua, saltar sobre su espalda y ahogarlo.

Todas las primaveras, el macho y la hembra nos fascinan con su desfile nupcial. Sin embargo, los cisnes no son fieles: el caballero no duda en «divorciarse» y, con frecuencia, se permite tener varias compañeras: es polígamo.

También llamado cisne tuberculado, debe este nombre al tubérculo negro que le adorna la parte superior del pico. El del macho se hincha en primavera, lo que permite distinguirlo de la hembra.

El cisne es vegetariano. Se alimenta filtrando el agua a través de su gran pico laminado o pastando en la hierba.

¡El cuello, que suele llevar replegado formando una elegante curva, mide entre 75 y 80 cm de largo: corresponde casi a la mitad de la longitud de su cuerpo!

Cuando nada, eleva las alas para dejarse llevar por el viento, ¡como las velas de un barco!

Es una de las aves voladoras más pesadas del mundo. Para despegar, lo verás correr sobre el agua o la hierba, entre 8 y 20 m, batiendo las alas vigorosamente.